AF339005

A CEUX

QUI AIMENT LA VÉRITÉ ET LA JUSTICE

ET

AUX AUTRES

AVIGNON,

Typographie et Lithographie de BONNET Fils.

A CEUX

QUI AIMENT LA VÉRITÉ ET LA JUSTICE

ET AUX AUTRES

> « Il est un temps de se taire ; il est un
> temps de parler »
>
> (ÉCL.)

Voilà déjà plus de trois ans qu'une diatribe anonyme, respirant une violente haine, fut répandue avec une profusion calculée. Injurieuse pour plusieurs hommes honorables, elle était notamment et évidemment dirigée contre une personne revêtue d'un caractère respectable.

Quant aux griefs qui formaient le tissu de ce pamphlet et aux coups de lumières qui y étaient prodigués, je ne viens point les juger :

Je ne le puis, je ne le dois, je ne le veux.

Ce qu'il y a de certain, c'est que je m'indignai d'une pareille guerre ; c'est que je flétris hautement un procédé aussi méprisable que peu dangereux.

Hé bien ! m'en serais-je douté ? Cette œuvre de ténèbres me fut attribuée, non sans doute par ceux qui connaissaient ma vie publique et privée, par cette population qui, en toute occasion, m'avait donné des témoignages d'estime, et alors même que la politique la divisait; mais par quelques êtres inquiets de leur position sociale, ou venus, hier, de Gabaa, et ignorant mon passé — variété de Jéromes Paturots à la recherche d'un peu de considération, et qui, pour rendre leur mise acceptable, n'ont d'autre ressource que de jeter de la boue sur la toilette irréprochable de leurs voisins.

Les *Gabaïtes* jugeant l'occasion favorable à leurs projets, prétendirent reconnaître dans l'odieux manuscrit mon style, ma manière, mon *esprit*, et jusqu'à mon *trait de plume*. Il n'en fallait pas davantage, un peu de bonne volonté aidant, pour convaincre les blessés. Ils crurent sans peine ceux qui avaient l'air de les défendre, de même que les malheureux se confient volontiers à ceux qui leur témoignent de l'intérêt.

Et tandis que, fort de mon innocence — et selon le conseil des plus sages personnages, — je laissais dédaigneusement passer la rafale, persuadé qu'elle ne saurait ébrécher ma réputation, mes sourds agresseurs, fidèles au précepte de Basile, *calomniaient, calomniaient*, persuadés qu'*il en resterait toujours quelque chose* ;

« Et pour cette œuvre pie oh ! tout champ devint bon ,
Sacrarium et wisk , table-d'hôte et wagon. »

Il est vrai que, pour colorer d'une apparente naïveté leur accusation aux yeux des moins clairvoyants, ils prétendaient que le pamphlet était un chef-d'œuvre littéraire du genre : comme si l'esprit et le talent au service du mal se pesaient au poids de l'honnêteté. — On aime tant à prêter ses sentiments à autrui ! — « Merci ! Messieurs, merci de l'honneur que vous m'octroyez si généreusement ! Cet honneur, je le décline, et le refoule avec un profond mépris vers la source impure d'où découle l'œuvre. »

Mais eux, enharnis par mon silence, s'abandonnaient avec volupté à tout ce que la lâcheté peut inventer de petits expédients pour torturer une victime qu'ils croyaient ne pouvoir se défendre.

Et ils s'en allaient fouillant dans l'empreinte de mes pas pour tâcher d'y surprendre une défectuosité ou une souillure ;

Ils exhumaient triomphalement de leur obscurité mes paroles les plus indifférentes et mes écrits les plus inoffensifs pour les imbiber de vinaigre et de fiel ;

Ils disséquaient toutes mes actions passées et présentes pour en exprimer le poison qu'ils y avaient perfidement introduit ;

Ils s'insinuaient avec autant d'astuce que d'impiété dans le sanctuaire de mon foyer domestique pour y tarir la source de l'amitié ;

Ils envenimaient mes intentions les plus droites , et dé-
naturaient les actes les plus simples de mon existence ;

Ils m'imputaient tous les écrits anonymes de tout genre,
pourvu qu'ils fussent empreints d'une critique acerbe ,
alors même que leurs auteurs s'en découvraient loyale-
ment — logique du loup ! —

Ils faisaient de moi un Cartouche , un Lovelace , un
Escobard , un Méphistophélès , un *boa-constrictor* , un
mythe de fourberie et de duplicité.....

Ce qu'il eût fallu faire pour ne pas mériter cette avalan-
che de qualifications que le pied de l'âne devait clore et
sceller ; ce qu'il eût fallu faire pour n'être pas taxé de *fourberie* et de *duplicité* , ah ! je le sais bien !

et je le dirai , le cas échéant....

Le cas échéant , je pourrai dire aussi quels moyens ont
été employés pour *éclairer* l'autorité sur mon compte ;
pour lui persuader que j'avais eu l'insigne habileté de
me déguiser jusque-là à ses yeux , aux yeux de la population avec laquelle je vivais , aux yeux de toutes mes con-
naissances , aux yeux de ma propre famille — nouveau
Sphynx dont un OEdipe nouveau venait enfin d'arracher
le masque pour arrêter le cours de ses forfaits contre la
société.....

Je pourrai exposer au grand jour les secrets ressorts
mis en mouvement pour me dépouiller de la sympathie
des hommes honorables, *intra* et *extra-muros*; pour m'a-

liéner l'affection de mes amis, en enveloppant dans la proscription dont on me frappait ceux d'entre eux qui avaient le courage de me rester fidèles; pour m'isoler de mes proches, en affectant de leur donner des témoignages de déférence, à mon exclusion; en un mot, pour faire le vide autour de moi et me traiter en misérable paria...

Je pourrai révéler jusqu'à quel point la passion — aidée de la prévention, et prenant tour-à-tour les noms vénérés de *charité* et de *devoir* — peut fausser et obscurcir la conscience non seulement chez les âmes honnêtes, mais chez ceux-là mêmes qui ont mission de diriger et d'éclairer les consciences....

Je pourrai montrer en quoi consiste cette *opinion publique* dont on a osé invoquer le prétendu témoignage, et qui donnait récemment un si solennel démenti à ceux qui s'en armaient contre moi avec une feinte bonhomie...

Il ne me sera point difficile de réduire à sa valeur réelle le singulier raisonnement par lequel on a voulu établir *à priori* que le factum diffamatoire ne pouvait émaner que de Cavaillon; non plus que de démontrer tout ce que les allégations gratuites de mes détracteurs renferment d'absurdité ou de parti-pris, d'irréflexion ou de calcul, d'aveuglement ou de méchanceté...

Il ne sera pas peu curieux, enfin, de voir de quels visages tomberont les masques; de contempler crouler ce brillant échafaudage de contes féériques et orientaux que l'on a si *pieusement* bâtis, recrépis, badigeonnés et enluminés à coups de langue pour s'en faire des sapes couvertes ou des tours volantes contre ma réputation....

Dieu merci, une réputation solidement assise sur un vieux sol, lorsqu'elle a pour contrescarpe la conscience d'un honnête homme, est une forteresse capable de soutenir de long siége ! Heureusement aussi, non plus que *l'échafaud*, la calomnie n'a jamais *fait la honte*, mais *le crime* seul ! —

Quoiqu'il en soit, le tableau dont on vient d'entrevoir la légère ébauche, s'il était triste, offrirait encore une étude d'un assez piquant intérêt et une instruction d'une assez haute utilité. Il prouverait du moins — ce qui me consolerait un peu -- que mon temps d'épreuve et de question — trop long aux yeux de beaucoup — n'a point été perdu. En effet, durant mes insomnies, j'ai pu recueillir bien des enseignements profitables: mais la science, on le sait, ne s'acquiert guère qu'au prix de veilles et de sacrifices — celle du cœur humain surtout.

D'aucuns prétendent que *l'illusion* de plus d'un pourrait bien s'être dissipée. Mais l'avouerait-on ? L'amour-propre n'est-il pas trop profondément engagé ? On a prononcé avec tant d'assurance un verdict de culpabilité contre moi ! On a avancé avant tant d'autorité que l'on avait en mains des preuves irrécusables !... La perspicacité, le jugement, la dignité, le caractère ne seraient-ils pas compromis ? Une rétractation publique exige du courage, et.... et puis, en tel cas, certains théologiens ne soutiennent-ils pas qu'on peut ne pas avouer son erreur ?...

Eh ! bien, soit ! mais du moins que la clarté se fasse pour ceux dont la bonne foi a été séduite, et qui ignorent sans doute combien facilement et impunément j'eusse pu satisfaire — par des écrits *non-anonymes* — cette malveillance suprême dont mes inquisiteurs me décorent.

« Ah ! Messieurs, la vérité, disons-la :

Je vous embarrassais, n'est-ce pas ? et vous aviez juré ma mort — ma mort morale. — Libre à vous ! chacun prend son plaisir où il le trouve. Mais alors, du moins, fallait-il viser plus juste et frapper plus fort. Votre bonne volonté, trahie par votre adresse et votre force, n'a eu de comparable que votre persévérance à me porter des coups du fond de vos hourds noirs. Pour moi, j'ai voulu vous donner le temps d'épuiser vos munitions avant de recourir aux miennes. *Adsum !*

J'ai assez longuement et patiemment, je pense, essuyé votre feu ; permettez-moi que j'ouvre le mien — c'est mon droit.

Je me suis montré assez courtois, convenez-en, en vous abandonnant *l'ombre de la lice.* Mais comme j'en redoute peu *le soleil*, malgré l'inégalité des parts, sus ! et pardonnez, je vous prie, si, en me défendant, j'ai la main malheureuse. Au reste, je suis bon prince, et j'accepte volontiers toutes les conséquences de ma défense, TOUTES, notez-le bien !

Et maintenant , mes preux , vous plait-il de connaître les termes de ma sommation? — Pour vous , comme pour tout champion , ils seront sans ambages.— les voici :

Je tiens pour un infâme colomniateur, de quelque robe et de quelque caractère qu'il se revête, celui qui m'attribuerait le pamphlet injurieux que vous savez ;

Je tiens pour un lâche diffamateur quiconque insinuerait que j'en suis l'ouvrier, sans oser formuler franchement son accusation ;

Je tiens pour un vil imposteur celui qui dirait avoir des preuves de ma culpabilité, en le défiant de les mettre au jour ;

Enfin , je taxe d'hypocrisie — de l'hypocrisie la plus raffinée — quiconque, prétendant avoir ces preuves , aurait l'impudeur de se draper dans le manteau de la charité — ou de tout beau sentiment — pour se dispenser de les produire. »

Et je signe :

J. VALÈRE-MARTIN.

Cavaillon , 21 juillet 1866 (jour auquel une nouvelle félonie a reveillé mon indignation muette).